Lairtes Chaves Rodrigues Filho

Atendimento ao Consumidor em Mídias Sociais

Modelos estratégicos em Social CRM para a gestão de relacionamentos na rede

São Paulo, 2018

Lairtes Chaves Rodrigues Filho

À minha equipe de Social Media Care, pelo amor
e escuta ativa diária a todos os nossos
consumidores-usuários.

Lairtes Chaves Rodrigues Filho

Sumário

INTRODUÇÃO 9

1. Redes Sociais e as Organizações 17

2. A organização gerenciando relacionamentos 29

  2.1 Gerenciando relações no ambiente das mídias sociais: a emergência das práticas de CRM e Customer Care 33

  2.2 Modelos e estratégias de SRM e Social Customer Care 48

3. Experiência e expectativa do consumidor no atendimento de mídias sociais 81

  Bloco 1 – Consumidor, quem é você? 85

  Bloco 2 – Consumidor, onde você busca atendimento? 90

  Bloco 3 – Consumidor, como foi sua experiência? 94

CONCLUSÃO 105

REFERÊNCIAS BIBLIOGRÁFICAS 111

Lairtes Chaves Rodrigues Filho

Atendimento ao Consumidor em Mídias Sociais

Lairtes Chaves Rodrigues Filho

INTRODUÇÃO

"Não aguento mais receber essas ligações!"; "não acredito que vou ter que ligar no 0800". É comum ouvir queixas desse tipo quando o assunto é o serviço de atendimento ao consumidor. Mesmo aquelas organizações que investiram e mudaram sua cultura colocando a melhor experiência e a satisfação com seu cliente no centro acabam por enfrentar o estigma construído como característica de SAC: alto tempo de espera, atendentes pouco empáticos, demora na condução, baixa percepção no índice de solução, etc.

Com o advento da Era da Informação (CASTELLS, 2017) as relações de consumo e logo, as expectativas dos consumidores mudaram. Características próprias da internet e da Web 2.0, ou ainda das redes sociais e appfication, como instantaneidade, capacidade de compartilhamento, mobilidade e hiperpersonalização passaram a compor como necessidade a estratégia de marketing de qualquer organização. Os consumidores querem multiplicidade de informações, consultam experiências de outras pessoas e compartilham as suas próprias com recomendações ou críticas.

Se em algum momento havia condução de qualquer reclamação ou crítica em ambiente controlado, na conversa atendente-cliente no telefone, agora a discussão e a solução (ou não) estão na arena do debate público. Mesmo que a condução de atendimento em mídias sociais ocorre em ambiente privado, a qualquer momento prints de tela trarão ao público as interações que tem potencial de mobilizar positivamente e negativamente milhares de pessoas em posições com a marca.

Neste sentido, o atendimento em mídias sociais têm se mostrado como prática e promessa de um relacionamento que se baseia nas características das redes com os calores e a experiência que o marketing e o branding 3.0 trouxeram à modernidade. Compõe um misto de gestão de relacionamento, monitoramento da marca, bureau de vendas e insights, ferramenta de mídia, gestão de conhecimento e informações e ação de manutenção/aprimoramento da reputação da organização. A complexidade de um atendimento-estratégia que agrega as funções do CRM (retenção, conversão, etc) com toda a gestão de conteúdo e seu impacto para o branding da empresa.

Mas, sabendo-se dessa expectativa e relevância, as organizações tem conseguido cumprir essa atividade complexa? Elas apenas estão nas redes sociais pela própria "obrigatoriedade" da presença ou de fato atuam na promoção da experiência de seus consumidores nos canais em que eles estão?

O objetivo desse livro está relacionado justamente a este cenário e perguntas-problema. O que os consumidores esperam do atendimento em mídias sociais e qual sua avaliação do quer as organizações têm conseguido entregar. Fazemos aqui um mapeamento de percepções pela voz do sujeito-receptor que inicia sua jornada de consumo e, ao precisar de suporte busca resposta da empresa em alguma mídia social.

Num primeiro momento discutiremos as redes sociais como fenômeno do nosso tempo e sobre sua interface com as práticas das organizações. O protagonismo e a materialidade do digital no processo de comunicação, na cultura, nas relações sociais.

Depois, trataremos do jogo de conceitos e do debate em torno da gestão de relacionamento com clientes; afinal, o atendimento em mídias sociais é CRM? É SAC? Existe diferença? Quais os modelos que ajudaram a formar, na pesquisa mundial, os princípios e técnicas do customer relationship management e do social relationship no atendimento do consumidor-sujeito.

Sabendo desta matriz, apresentamos nossa pesquisa de percepção a partir do planejamento e execução de uma digital survey explorando experiências reais de consumidores brasileiros em situações de atendimento: seus canais preferidos, o uso das redes sociais na experiência de atendimento e de consumo e seus principais desejos e necessidades nesse segmento.

Sobremaneira, há uma distorção significativa entre o que o consumidor espera receber e sobre o que as organizações têm conseguido entregar em suas redes sociais. O atendimento que em tese, deveria pelas próprias características do meio, propiciar mais agilidade, conectividade, proximidade e solução, acaba reproduzindo a má impressão que já estava construída sobre o SAC tradicional.

Para tal, é possível compreender pelos relatos dos consumidores que apesar da presença digital, os processos empresariais de solução de problemas ou da transparência de informações ainda é o mesmo do modelo anterior, em nada parecido com as possibilidades da rede. Há aqueles que se surpreendem com conteúdo relevante e criativo e, mesmo assim acabam questionando o tempo da resposta, quando há resposta.

Ao fim deste trabalho, nossa intenção é favorecer a crítica e reflexão sobre a forma em que as organizações têm investido seus recursos na gestão dos relacionamentos com stakeholders no ambiente das mídias sociais. Não é apenas a postagem com targeting fechado que promove a marca, mas o conteúdo das vozes que promovem a troca de valores e experiências nos mesmos. Enquanto esse investimento não integrar as funções do CRM com as estratégias de comunicação e marketing digital, atuando juntos na promoção de advocacy e awareness, a experiência do consumidor e a ativação de leads estará limitada à própria fragmentação e atraso da organização.

Lairtes Chaves Rodrigues Filho

1. REDES SOCIAIS E AS ORGANIZAÇÕES

Carolina Terra (2014) ao estudar a presença das organizações nas mídias sociais define mídia social como "aquela utilizada pelas pessoas por meio de tecnologias e políticas na web com fins de compartilhamento de opiniões, ideias, experiências e perspectivas" (TERRA, 2014, p. 1).

A pesquisadora ainda destaca que os principais pilares das mídias sociais são o compartilhamento de conteúdo e o estabelecimento de conversações, além dos interesses afins na formação das redes de usuários.

Terra fez um estudo sobre o nível de engajamento de algumas marcas classificando-as em reativas, quando há pouca resposta ou não resposta aos usuários; intermediário e pró-ativo, com relacionamento estreito com usuários. Chegou à conclusão que as empresas que se encontram no ranking das mais valiosas também são aquelas que tem maior influência e mais atividade no relacionamento com seus usuários, isto, destacamos, não apenas no âmbito da organização mas em um espectro maior de comunicação e linguagem como relação social.

Elizabeth Saad (2015) parte da ideia da centralidade da comunicação em nosso tempo para discutir uma epistemologia da comunicação que considere os múltiplos cenários que emergem do "enraizamento da digitalização no tecido social", do

> papel central que a Comunicação veio assumindo nas relações sociais e nas atividades organizativas e financeiras, principalmente na medida em que as plataformas digitais configuram-se no chamado "modo 2.0", possibilitando a participação ativa, dialogia e expressividade dos usuários em rede, quebrando com a lógica linear clássica do processo comunicativo (emissor-mensagem-receptor) (SAAD CORREA, 2015, p. 3).

Kaplan & Haenlein (2010) estabelecem uma conceituação mais focada na interface conteúdo-tecnologia, conceituam mídia social como "aplicações baseadas na internet que constroem nas fundações ideológicas e tecnológicas da Web 2.0, e que permitem a criação e troca de conteúdo gerado pelos usuários".

Segundo Saad Corrêa (2009), o tempo das redes sociais nos permitiu o rompimento dos limites tradicionais entre as organizações e os indivíduos, "a diluição do limite entre as esferas pública e privada" (SAAD CORRÊA, 2009, p. 319).

Essa troca necessária e simbiótica modificou toda a estrutura desses relacionamentos de modo que responder às necessidades e desejos dos usuários, tal como a tradicional pirâmide de Maslow tratava, não é mais suficiente. Relacionamento, presença, resposta e não-resposta às conversações nas redes sociais se estabelecem como terceira via, o éter de um atendimento que transpassa produtos e serviços, se torna personificação de comunicação, materialidade digital.

A definição sobre o que é ou não digital passa constantemente por revisão conceitual, passando da ideia mais aplicada de que digital seria toda linguagem que pode ser representada pelos dígitos binários 0 e 1.

As linguagens digitais então emprestam a diretriz do próprio digital como meio de entendimento da codificação/decodificação de mensagens mediadas por computador, distribuídas ou armazenadas na internet (MANOVITCH, 2000). Sobremaneira, a maior mudança de perspectiva teórica a partir da contribuição do autor sobre o tema é a mudança na recepção– em vez de audiência/ouvinte agora temos o usuário. Usuário que é ativo no processo de comunicação.

Esse mesmo sentido, do digital como elemento de um processamento matemático e técnico com implicações (e potencialidades sociais), movimenta o campo antropológico a pensar uma cibercultura, a fim de analisar as transformações fundamentais na estrutura e significações da sociedade moderna, que vivenciava a explosão do uso de computadores e biotecnologias.

A "cultura dos computadores" será objeto da *cyberanthropology*, termo cunhado por Arturo Escobar em 1994, que argumenta que "como um novo domínio da prática antropológica, o estudo da cibercultura é particularmente acordado com a construção e reconstrução cultural nas quais as novas tecnologias estão baseadas e pelas quais voltam a auxiliar em sua formação[1]" (ESCOBAR, 1994, p.211).

Há ainda a discussão acerca de uma antropologia tecnológica, tal como trabalhada por Pfaffenberger (1988, p. 244), que compreende que "a tecnologia como fenômeno social total é maior que a cultura

1

No original em inglês, "As a new domain of anthropological practice, the study of cyberculture is particularly concerned with the cultural construction and reconstruction on which the new technologies are based and which they in turn help to shape".

material sempre que combina o material, o social e o simbólico em uma rede associativa". Segundo este autor, apesar de útil, a abordagem conceitual de cultura material não seria suficiente para entender os processos e fenômenos sociotecnológicos, pelas práticas circunstanciais da apropriação da internet.

Ele defende uma antropologia que esteja centrada no comportamento social humano no qual "cada pessoa se engaja quando cria ou usa uma tecnologia[2]" (PFAFFENBERGER, 1988, p. 243), aumentando a complexidade dos sistemas tecnosociais e o fenômeno tecnológico total nas sociedades contemporâneas.

Outros autores, no campo dos estudos antropológicos, como Heather Hoerst & Daniel Miller (2012), se preocupam em problematizar o uso do termo "digital" utilizado

---

[2] No original, "in which people engage when they create or use a technology".

como algo puramente numérico e matemático, que poderia assim, fornecer de maneira equivocada um entendimento apenas técnico da matéria. Preferem compreender o digital como elemento constitutivo da vida cotidiana das pessoas, e então, como agente transformador e formador das culturas. Não existiria, na concepção de Heather & Miller uma cultura digital específica e separada, mas o digital como parte das culturas.

É sob a ótica destes autores últimos e na sua defesa da instituição de uma subdisciplina chamada *Digital Anthropology*, que propõe de fato a ampliação do campo antropológico ao invés de seu fatiamento, que este trabalho reflete sobre a cultura no espaço de fronteira. Um lugar onde o digital perpassa, estabelece vínculos, molda cotidianos e se torna parte das culturas.

Daniel Miller (2010; 2011) vai explorar esse entendimento desenvolvendo etnografias digitais ou etnografias nas redes sociais digitais, publicando uma teoria antropológica do Facebook a partir de seu trabalho de campo em Trinidad.

Ele descreve a chegada da rede social no país e acompanhou as apropriações e usos sociais da tecnologia até sua assimilação antropofagia pelos locais, refletindo sobre como a rede foi entendida, verdadeiramente, como uma invenção regional, de modo que o Facebook seria um agregador de usos e práticas regionais, diferenças e diversidade cultural. (MILLER, 2011, p. 159).

Na tentativa de organizar essas diferenciações conceituais e expectativas acerca dos diferentes papeis que o digital tem na pesquisa antropológica, Gabriella Coleman (2010, p.2) dividiu os estudos etnográficos sobre mídias digitais em três categorias prioritárias: a primeira estaria focada na relação entre as mídias digitais e as políticas culturais dos meios de comunicação (no qual se incluem as novas mídias), e nestas, estudos sobre a identidade sociocultural e suas formas de representação.

A segunda investiga as culturas locais da mídia digital, como por exemplo, o movimento de software livre e o netativismo. A terceira categoria seria a dos estudos comuns, cotidianos da mídia digital, e como eles relacionados a outras práticas sociais como a pirataria, o jornalismo ou a religião.

Há a urgência no desenvolvimento de etnografias digitais para cada um desses contextos, comparando as identidades e usos dos espaços virtuais e reais digitais às terras e populações pré-eletrônicas, isoladas em continentes, na qual pelos meios de hiperpersonalização cada grupo e usuário é um <u>mundo inteiro de culturas cone</u>ctado a outro.

3

No original, "despite the massive amount of data and new forms of visibility shored up by computational media, many of these worlds remain veiled, cloaked, and difficult to decipher"

> Apesar da enorme quantidade de dados e novas formas de visibilidade escorada por meios computacionais, muitos destes mundos permanecem velados , camuflados , e difíceis de decifrar (COLEMAN, 2010, p.5)[3]

O vienense Philipp Budka (2011, p. 15) complementa o quadro, defendendo uma mudança na nomenclatura e conceituação dos estudos digitais na antropologia, e, apesar de se alinhar à *digital anthropology*, não argumenta pelo entendimento de uma subdisciplina, mas de uma "fagocitose" dos campos no que, segundo ele, poderia ser chamado de *anthropology of the contemporary*, considerando que parte do trabalho do etnógrafo seria lidar com questões sobre tudo quanto for emergente na sociedade global e na inevitável inter e transdisciplinaridade, fortalecendo a ideia de que não ciência ahistórica, alheia dos contextos, processos e tecnologias de seu tempo.

À medida que entendemos então, o digital como cultura material, como componente essencial da comunicação e dos relacionamentos modernos, podemos beber dos estudos antropológico para compreender a relação usuário-organização pelo viés da cultura do consumo, e do ambiente digital como espaço real, não-físico, onde as relações sociais não apenas acontecem em conversações, mas são potencializadas.

Sobre esses diálogos e conversações, Saad Correa (2009, destaca sua importância nos contextos de multiplicidade e flexibilidade dos relacionamentos nas organizações:

> [...] ao ocorrerem em ambiente digital, assumem em grande medida as principais características destes: a multiplicidade e a não linearidade das mensagens, a flexibilização dos relacionamentos e intercâmbios. O que temos, por consequência, é uma espécie de digitalização dos significados coletivos que fluem nos ambientes organizacionais. (Saad Correa, 2009, p. 319)

Neste sentido a formulação de estratégias inovadoras e transformadoras de gestão de relacionamentos das organizações com seus stakeholders, admiradores e haters, compõe necessidade para o sucesso ou insucesso dos valores que cada marca deseja passar para as redes, formando sua própria cultura e grupo no espaço digital. Emergência de novas relações, urgência em novas formas de gestão de relações de consumo.

2. A ORGANIZAÇÃO GERENCIANDO RELACIONAMENTOS

No Brasil, as empresas têm obrigação legal em oferecer serviços de atendimento ao consumidor como forma de garantir o direito das pessoas a terem problemas com serviços ou produtos solucionados diretamente pelas marcas em curto espaço de tempo.

Mais do que uma relação de direito, no entanto, o atendimento ao consumidor tem evoluído constantemente para uma estratégia venal de criação e manutenção de valor da marca e por isso, há especialização e aprimoramento da presença, acesso, linguagem e fornecimento de experiência que juntos, componham diferencial competitivo no mercado.

> As organizações buscam o estreitamento de relacionamento com os seus consumidores desde a década de 1990, orientados pela criação da Lei Nº 8.078, de 11 de setembro de 1990, que dispunha sobre os direitos do consumidor. Motivada pela legislação, as empresas passam a criar as centrais de atendimento, canais diretos de contato com o consumidor, que também podem oferecer chamados de ligações gratuitas, por meio do sistema 0800. Em um segundo momento, foram implantadas as ouvidorias, e com os avanços da tecnologia, canais mediados por computadores, como os e-mails e também chats online. Neste sentido, foram abertos diversos mecanismos específicos para o atendimento das demandas dos consumidores descontentes com os produtos, serviços e atendimentos oferecidos pelas organizações (YANAZE, 2014, P. 10)

Peerayuth Charoensukmongkol e Pakamon Sasatanun (2017) defendem que a provisão de serviços superiores de atendimento aos clientes é essencial para manter competitividade e promover diferenciais competitivos entre concorrentes. Esse atendimento superior vai além do clássico ouvir, ou ainda da esperada solubilidade de casos e situações: consiste em exceder expectativas. Ideia normalmente associada ao conceito de CRM (Customer Relationship Management).

Construir um sistema de CRM eficiente, no entanto, demanda historicamente certa infraestrutura e organização complexa, retroalimentando uma base de dados dos hábitos e sentimentos dos consumidores e seus constantes feedbacks sobre serviços de produtos, inacessível, portanto, até onde se conhece, às pequenas firmas. Neste sentido, os autores apontam com destaque o diferencial tecnológico mais democratizante que o uso de mídias sociais permitiu aos pequenos e médios empresários. "Enquanto o tradicional CRM, implementado por meio de sistemas computadorizados e bancos de dados, existe a evidência que mídias sociais como Facebook e Instagram tem se tornado uma tendência emergente na facilitação da instalação de atividades de CRM em pequenas empresas". (MALTHOUSE, HAENLEIN, SKIERA, WEGE, & ZHANG, 2013; TRAINOR, ANDZULIS, RAPP, & AGNIHOTRI, 2014; WOODCOCK, GREEN, & STARKEY, 2011, apud CHAROENSUKMONGKOL & SASATANUN, 2017, P. 25)

Os autores embasam essa afirmação com os resultados de uma pesquisa empírica sobre como as mídias sociais podem ser utilizadas como ferramenta de CRM para microempresas, usando como exemplo o caso de uma pequena empresa Tailandesa, demonstrando em seus estudos que essa estratégia tem efeito direto na satisfação dos clientes como desempenho de negócio.

Apoiam-se na ideia de que o conceito de CRM é referência na utilização e informações relacionadas aos consumidores ou de conhecimento para entregar produtos e serviços relevantes aos consumidores, na intenção final de aprimorar a retenção de clientes por meio de uma gestão efetiva de relações com consumidores. (BULL, 2003; LEVINE, 2000, apud CHAROENSUKMONGKOL & SASATANUN, 2017, P. 26).

2.1 Gerenciando relações no ambiente das mídias sociais: a emergência das práticas de CRM e Customer Care

Marcelo Salgado (2016) dá suporte introdutório para se entender de que maneira o estabelecimento de um SAC 2.0 desafia a estrutura do SAC tradicional, estruturalmente fundado na estratégia de CRM tradicional. É crítico ao dizer que as empresas apenas mantem suas centrais de atendimento por obrigação legal e que o serviço consiste apenas em uma prática homem-robô, que ouve, mas serve apenas para ler scripts prontos, sem muita análise.

Trata-se de uma generalização perigosa. Em se tratando da complexidade de processos e dos produtos e serviços de uma organização, desfigurar o trabalho humano em sua atividade-meio ou atividade-fim certamente incorre no erro de desviar o objetivo central do serviço de SAC: o relacionamento.

Ao tratar do SAC 2.0, no entanto, o autor aponta alguns cenários importantes na estruturação do serviço onde: normalmente está ligado a contact centers, na departamentalização de customer care, terceirizado, desconectado em ambiente e estratégia de conteúdo das cabeças de marketing e marketing digital das organizações.

> De maneira geral, essa separação é bem crítica e comum no mercado. Não raro encontramos estruturas onde a produção de conteúdo é atribuição de uma equipe de marketing digital ou de comunicação, enquanto o SAC 2.0 fica com uma equipe de contact center ou de customer care (muitas vezes em hierarquias diferentes dentro da empresa e com um investimento em pessoal muito diferente). Essa divisão produz distorções severas na voz da marca, na percepção e experiência das pessoas e, sobretudo, no resultado do trabalho em rede. Um "frankenstein" de peças corporativas tentando se manter vivo.(SALGADO, 2016, P.87)

Paul Greenberg é um dos primeiros pesquisadores a traçar uma possível evolução do CRM tradicional para os ambientes de redes sociais trazendo à tona o conceito de Social Customer Relationship Management, ou SCRM, definido como a estratégia de negócios de engajamento de consumidores por meio de mídias sociais com objetivo de construir confiança e brand loyalty (WOODCOOK et al, 2011, Database Marketing & Customer Strategy Management Vol. 18, 1, 50-64):

> As mídias sociais permitem à marca estender sua personalidade para engajar com consumidores ou ideias de fala dos consumidores, no momento em que eles querem, onde eles atuam, onde trabalham, quando estão viajando e por meio dos canais que eles escolham. Consumidores podem engajar no nível que melhor lhes vestir; em nível periférico ou em nível que envolve mais interação com a marca. Conteúdo, desenhado para entreter, informar, educar ou prover ideias, pode ser desenhado para se conectar com consumidores, comunicar de forma relevante com aqueles que mostrarem interesse e convertê-los em possíveis compradores ou ainda na defesa da marca.

4

> SM enables the brand to extend its personality to engage with consumers on consumer terms, at the time they want, where they play, where they work, when they are travelling and through channels that they chose. Consumers can engage at a level to suit themselves; on a peripheral level or at a level that involves more interaction with the brand. Content, designed to entertain, inform, educate or provide insight, can be designed to connect with consumers, communicate relevantly with those that show interest and convert them to win sales and even advocacy.(WOODCOOK, N.; GREEN, A.; STARKEY, M., 2011, P. 53)

(WOODCOOK, N.; GREEN, A.; STARKEY, M. Social CRM as a business strategy, 2011 P. 53)[4]

Existem vários conceitos do que é Social Customer Relationship Management (Social CRM ou ainda SRM). Alguns pesquisadores destacam o conceito pela função na era digital, outros de forma evolucionista em relação ao CRM e outros, como uma especialização do ponto de vista do meio tecnológico ou da interação pura com o consumidor.

Dentre os tecnológicos, Lehmkuhl & Jung (2013) defendem que Social CRM é a estratégia que lida com a integração da Web 2.0 e do uso das mídias sociais no CRM tradicional.

Para Greenberg (2010), o conceito surge enquanto uma "filosofia e estratégia de negócio, apoiada por uma plataforma tecnológica, normas empresariais, processos e características sociais, desenhada para engajar o consumidor em uma conversação colaborativa que objetiva prover valor de benefício mútuo em um ambiente de transparência e confiança de negócios".

Dutot (2013) se vale do conceito de Greenberg (2010) para afirmar que Social CRM constitui uma gestão de abordagem "usuariocêntrica", que leva em conta que a relação com o consumidor não é mais controlada pela companhia, mas está baseada nas interações marca-clientes e clientes-clientes. O consumidor é parceiro em um ambiente usuariocêntrico (Greenberg, 2010), cocriador e coprodutor (Vargo & Lusch, 2016) dos conteúdos, da divulgação, das pesquisas sobre produtos, da defesa da reputação da marca, de modo que, pode resultar em benefício mútuo para ambas as partes (Choudhury & Harrigan 2014; Greenberg 2010). Lembrando que aqui falamos de possibilidades, não caindo na ideia ingênua de que sempre essa relação é benéfica.

Como já dissemos, a empresa não controla mais essa relação unilateralmente: o consumidor tem seus interesses, motivações e suas próprias redes e logo, pode responder aos estímulos e experiências com as empresas do modo como melhor lhe convier, tendo de fato sua opinião e experiência vivencial, valendo-se da sua interpretação e possível multiplicação da opinião e experiência de terceiros, ou ainda, apenas implicando negativamente como oposição desse relacionamento por questões pessoais ou que ele mesmo desconhece exatamente. Neste sentido, a centralidade do usuário é mais que um conceito, mas uma estratégia de crescimento e subsistência empresarial nas redes de contatos digitais.

É por isso que Faase, Helms & Spuit (2011) ainda acrescentam que a ideia de Social CRM descreve a "criação de uma via de mão dupla entre o consumidor e a marca. É uma estratégia de CRM que utiliza o que a Web 2.0 oferece para encorajar o engajamento ativo do consumidor e seu envolvimento" [com o negócio].

Alavi (2016, p. 57) já entende prefere denominar Social Customer Relationship Management como SCRM, definindo o termo como modelo de gerenciamento das interações de uma organização com seus atuais e potenciais consumidores por meio das mídias sociais, envolvendo uso de tecnologia para organizar, automatizar e sincronizar vedas, marketing, atendimento ao consumidor e suporte técnico.

Um dos méritos do CRM bem estruturado é a aquisição e exploração das informações dos consumidores, disponíveis quando integradas ao uso inteligente de dados e tecnologia, para criar bancos de dados de onde se pode extrair informações estratégias (Frow and Payne 2009; Lee et al. 2006).

O uso extensivo e estratégico das mídias sociais, quanto parte ou carro-chefe de um Sistema de CRM, permite às empresas acessar informações de seus consumidores com bem menos filtros que aqueles normalmente aplicados a formulários ou em ligações dos Contact Centers. Isto porque a formalização de um contato de SAC ou em um espaço físico implica em certo planejamento e organização textual pelo consumidor, independentemente de escrito ou falado; garantindo às empresas apenas conhecimento daquilo que o consumidor permitir de sua situação, hábitos, usos, costumes e vida particular. Matéria pela qual as pesquisas de marketing não só ganharam notoriedade mas se tornaram obrigatórias para qualquer estratégia de negócio.

Nas mídias sociais, no entanto, esse planejamento textual pelo consumidor tende a ser diminuído porque de forma paradoxal, o usuário não se sente formalizando o fornecimento de dados para uma empresa, mas dialogando de forma livre com um segundo usuário, normalmente personificado em voz e design pela própria marca. É comum encontrarmos em páginas das mais diversas *companies* no Facebook verdadeiras verborragias de usuários sobre seus problemas ou interesses, principalmente quando incentivado por outros usuários ou por temas em discussão da marca.

As mídias sociais também permitem às empresas conhecer seus consumidores usuais ou potenciais em diferentes camadas, até imperceptíveis aos mesmos. Dados públicos e privados são sondados e minerados em tempo real: seus perfis nas mídias, sexo, idade, aparência, família, bens, localização, forma de escrever, atividades, interesses, relacionamentos com amigos e empresas, seguidores, etc. Um banco de dados aberto que permite na gestão do relacionamento cliente-empresa desenhar estratégias de alcance e engajamento inteligentes e hiperpersonalizadas.

O uso destas informações pode múltiplo e potencializado a depender, é claro, de quem e como se usa. Alt & Reinhold (2012) destacam três pontos deste uso: a oportunidade do conhecimento das redes de contatos dos consumidores, considerando que o conhecimento da rede pode implicar no mapeamento mais real de fluxos de influência e informação sobre os serviços e produtos; o conhecimento das opiniões e diferences pontos de vista dos consumidores sobre produtos, empresas ou marcas revelando suas necessidades, desejos e experiências, numa renovação digital do que seria a clássica pirâmide de Maslow formada a partir da própria voz (ou imagem) do consumidor em suas próprias redes, entendendo e garantindo estratégias mais assertivas no desenvolvimento do relacionamento com os clientes e no aprimoramento do tempo de vida dessa relação com a marca.

É consenso entre estudiosos que a chegada das mídias sociais mudou substancialmente a noção tradicional CRM. Malthouse et. al. (2013, p.270) apoiado em Payne & Frow (2005) e Verhoef; Venkatesan, et al. (2010) explica que no modelo tradicional de CRM, a organização detém informações significativas dos seus consumidores, e as usa para gerenciar o relacionamento com os mesmos.

Os autores ainda citam Reinartz, Krafft, and Hoyer (2004, p 295) em sua definição de CRM como um processo que "implica o gerenciamento sistemático e proativo das relações enquanto elas se movem do começo (iniciação) para o fim (terminação), executado no cruzamento de múltiplos canais de contato e de encontro[5] com o consumidor". Essa gestão permite à empresa nivelar em diferentes camadas as informações de seus clientes para uso estratégico das informações na ampliação do tempo de vida do relacionamento consumidor-marca, conhecido como *customer lifetime value* [CLV] (BERGER &

---

[5] customer-facing contact channels

NASR, 1998; MALTHOUSE, 2013; SCHULZE, SKIERA; WIESEL, 2012; apud MALTHOUSE et al. p.270).

  A multiplicação de plataformas de relacionamento nas redes sociais, como elemento tecnológico, teve impacto social e de mercado imediato. Talvez o principal, ao mesmo no que se refere aos tópicos desse trabalho, seja a mudança na balança de poder sobre a relação empresa-marca. No modelo tradicional, o consumidor tinha uma demanda, uma empresa oferecia, o consumidor comprava. Até podemos acrescentar que o consumidor fornecia feedback sobre o consumo se mantendo no circuito do hábito de consumo ou deixando de consumir, recomendando ou não recomendando o mesmo a partir de sua experiência.

  A empresa tinha poder de decisão sobre o que fazer com as informações fornecidas, quando fornecidas, pelo consumidor e assim geria esse relacionamento quase que unilateralmente. O consumidor desempenhava então um papel passivo, com a função única de consumir (o que supostamente deveria ser óbvio pelo próprio nome dado ao sujeito na relação, mas que, na pós-modernidade tem uma metamorfose tão substancial: o mesmo nome para papéis tão diferentes). Este mesmo aspecto é aplicado ao conceito de audiência nas teorias da comunicação. O expectador passivo recebe informações da mídia e termina por aí, por mais que seus comportamentos, usos e gratificações gerem mudanças sociais, o sujeito é visto como influenciável.

Agora, com o funcionamento orgânico da própria sociedade em rede, o consumidor/expectador muda completamente esse fluxo. A balança ganha um novo peso que ora equilibra a relação e ora pende completamente para o lado do consumidor. Não há mais a figura do consumidor como sujeito passivo em seu relacionamento com as marcas. Este sujeito agora tem mais informações sobre produtos da concorrência disponíveis em todo lugar, de forma fácil, geolocalizada em seu dispositivo móvel. A qualquer hora e lugar pode expressar e distribuir para seus grupos de relacionamento ou de forma viral suas opiniões, e as empresas passaram a ter dificuldade em fazer a gestão das mensagens que seus consumidores recebem sobre seus produtos e serviços, como exemplificam Schultz, Malhouse & Pick (2012).

As marcas podem investir volumes imensos em divulgação e publicidade, com targets acertados e bem definidos, para grandes audiências; mas o poder do efeito, da discussão e do sentimento dos mesmos está com os usuários que em questão de segundos, baseados em sua própria gramática cultural ou no seu grupo, redesenham a mensagem conforme suas experiências ou motivações.

As redes sociais empoderaram a figura do consumidor (LABRECQ, et. al. 2013) que agora é ativo: age, reage, interpreta, reinterpreta, distribui ou mesmo bloqueia as mensagens, recomendações e logo, a reputação das marcas, não apenas no âmbito do digital, mas na vida real e cotidiana (por mais tautológico que seja, visto que o digital compõe estrutura e superestrutura social, não há diferença sequer de camadas entre o digital e o real, à medida que os relacionamentos sociais acontecem e dependem cada vez mais do suporte tecnológico para existir ou não existir).

Certamente essa mudança na balança ameaça não apenas o modelo tradicional, que certamente está condenado, mas todos os negócios que acreditavam ou subsistiam da manutenção desse relacionamento passivo e independente. As empresas que conseguiram ou já tinham em sua filosofia uma visão mais holística da importância da voz de seus consumidores, no entanto, tem se adaptado rapidamente e alcançado resultados ainda melhores conforme Malthouse (2013), à medida que entende a emergência das mídias sociais e dos consumidores ativos como oportunidades para ouvir e engajar com seus consumidores e encorajá-los a se tornar defensores de seus produtos.

2.2 Modelos e estratégias de SRM e Social Customer Care

Malthouse (2013) utiliza a noção de mídias sociais de Kaplan & Haenlein (2010), como grupo de aplicações de internet que permite criação e trocas de conteúdos gerados pelos usuários; para tratar do conceito emergente de CRM como "Social CRM House", que uniria os efeitos e armadilhas das mídias sociais no CRM.

Malthouse et. al. (2013, p. 271) conceituam Social CRM como composto por duas dimensões: a dimensão do CRM e a dimensão das mídias sociais. A dimensão do CRM compreende os três básicos elementos do CRM tradicional: início de relacionamento (aquisição), manutenção (retenção) e finalização (reativação). A dimensão das mídias sociais compreende o próprio uso e rápida evolução do espaço das mídias sociais na sociedade e mercado, sem objeto de classificações ou atividades principais, devido ao permanente processo de mudança. O funcionamento conjunto das dimensões será afetado de formas diferentes conforme os diferentes níveis de engajamento com os usuários nas atividades de CRM.

A existência da Social CRM House, como elemento estruturado, está fundamenta, segundo Malthouse et. al. (2013) primeiro, no nível de engajamento empresa-usuário nas atividades de aquisição, retenção e finalização. Segundo, pela definição da estratégia de Social CRM, entendido como o nível de interação nas atividades vai permitir o entendimento das necessidades, perfis e redes dos consumidores para ideação; sua organização sob o formato de dados e distribuição tecnológica; retornando para a figura estratégica da inteligência operacional dessas informações retroalimentando o nível de interação e, enfim, mensurando os resultados do workflow consolidado, que nunca é fixo, mas existe em constante modificação pela própria dinâmica viva do relacionamento. O modelo de social CRM house é, portanto, um modelo de gestão de relacionamento que busca considerar os efeitos na interdependência e uso estratégico da inserção da marca na rede do usuário.

O interessante deste conceito é que, apesar de considerar o efeito e a necessidade da estrutura tecnológica para organização e funcionamento, não se baseia na mídia ou mesmo nas redes ou dispositivos, mas nas pessoas. Nas palavras dos autores "o sucesso da estratégia é conduzida pelas pessoas que "habitam" a casa, a exemplo dos funcionários de uma empresa" (2013, p.271) com suas habilidades, inteligência e sensibilidade ao conduzir o nível de interação com os usuários e uso dos dados disponíveis.

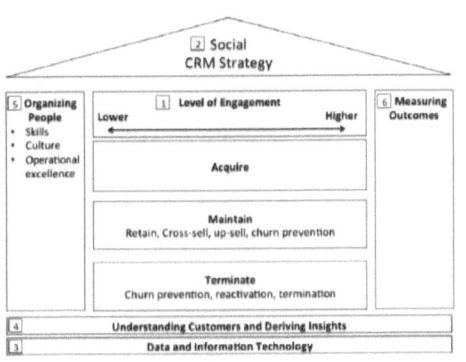

Fig. 1. Social CRM house.

Malthouse et. al. (2013) define engajamento como quando um usuário gera conteúdo relacionado a uma marca específica ou quando está interagindo com uma empresa. Quando o nível de engajamento, compreendem baixo e alto, sendo baixo aquele em que o consumidor apenas consome conteúdo ou utiliza formas mais básicas de feedback (likes, favorite, compartilhamento, etc), sem produção de texto; e alto quando o consumidor é ativo e participativo nas diversas formas de co-criação, comentando, criando vídeos e imagens.Isto considerando que diferentes ações do usuário tem efeito diferente para os perfis sociais da marca. O uso de mentions e a redação de reviews e comentários nas páginas das empresas impactam um volume muito maior de pessoas na leitura e formação de sentidos de conteúdo publicado à medida que reescreve os textos, vídeos e imagens, ampliando, restringindo ou redirecionando a abordagem sobre os produtos e serviços, independentemente do intuito original da marca. Likes e compartilhamentos, apesar de fornecerem exposição nos círculos de amigos, na rede dos usuários, não forma buzz gerativo à medida que não cria juízo de valor na divulgação. Podendo, no entanto, somar oportunidades de engajamento em cada rede.

Os autores também afirmam que o objetivo estratégico de Social CRM deveria incluir formas variadas de valor ao negócio além do CLV (customer lifetime value), como CRV (customer referral value) avaliando o posicionamento da marca em termos de menções nas redes sóciais frente á concorrência (KUMAR et al. 2010), CIE (customer influence effect), CIV (customer influence value) (KUMAR et al, 2013); inserindo no contexto da inteligência do negócio o valor da marca e seus relacionamentos com seus clientes nos diversos canais (bem como de seus stakeholders), sabendo-se que, como destacam os pesquisadores, a disseminação em rede de parceiros, fornecedores mau vistos socialmente podem causar danos ao valor do negócio para muito além do que o jornalismo faria em denúncias quando detinha o controle e a função exclusiva de fiscalização e publicação de mídia (watch-dog journalism) (p.274)

Outra consideração importante é que o conceito de Social CRM deve ter se ter por base o uso que os consumidores fazem das plataformas de mídias sociais, onde interagem com outros. Identificar esses locais de conversação, os sujeitos e grupos de diálogo, formadores de opinião, permite fazer uma coalizão estratégica do quê e quando falar, não focando em grupos, mas na ilusão se uma comunicação hiperpersonalizada, entregue on demand para o perfil e papel na rede de cada usuário potencial consumidor. Sem o conhecimento dos hábitos e da cultura das redes dificilmente qualquer estratégia digital terá qualquer resultado satisfatório no engajamento.

É preciso lembrar que a gestão do relacionamento nas mídias sociais trata de vozes incontroláveis e por isso, a comunicação massificada, distante, dificilmente será capaz de encorajar o usuário a se perceber em uma relação com uma empresa. E mesmo conseguindo esse despertar, corre seriamente o risco de perder a oportunidade de uma ação efetiva pelo *timing* de decisão e identificação do retorno do cliente como dado estruturado.

Conforme referencia Malthouse (2013) em Henning-Thurau et. al. (2010):

> As informações que os clientes distribuem pelas mídias sociais estão, por definição, fora do controle das empresas. Um gerente que usa ferramentas de marketing tradicionais geralmente tem uma boa compreensão do processo e, portanto, do resultado, de uma campanha de marketing. Com o marketing de redes sociais, as redes sociais dos indivíduos desempenham um papel importante na formação das mensagens. Uma vez que um gerente implementa o primeiro passo da campanha, o caminho que leva pode ser altamente imprevisível. Além do potencial de resultados negativos, em muitas situações, é difícil avaliar o resultado. Devido às limitações em várias plataformas de redes sociais, os dados além dos laços de primeiro grau de indivíduos semeados pelas campanhas de marketing podem ser impossíveis de obter. Enquanto os Command Centers de redes sociais rastreiam o que está falando sobre uma empresa nas mídias e rapidamente fornecem informações críticas para a empresa, a organização perde controle substancial das mensagens que estão sendo comunicadas. (MALTHOUSE et. al., 2013, p. 276).

Entendemos, portanto, que a imprevisibilidade dos resultados pelo poder dos usuários na rede, é um ofensor para a campanha tradicional É possível determinar a mensagem, inclusive planejando os targets mais definidos possíveis e ainda assim, ter resultados negativos ou muito abaixo do esperado, principalmente porque, normalmente, quando se consegue observar um desvio de discurso no social buzz, é porque o consumidor já formou certa opinião na rede de terceiros e agora bate à página da empresa exigindo explicações.

O que faz diferença então na execução efetiva de uma estratégia de Social CRM se os dados fornecem mais pistas e tendências que resultados prontos?

Para Malthouse (2013) são as pessoas da organização que são o coração de qualquer estratégia de relacionamento, principalmente quando relacionadas às mídias sociais. Elencam três fatores principais para o sucesso desse domínio: cultura de empoderamento, habilidades relevantes e excelência operacional.

Empoderamento à medida que se estimula os colaboradores à inovação e formas de pensar fora de estruturas hierárquicas, visto que no trabalho de mídias sociais, os colaboradores falam pela marca (*spokespeople*), são a marca no relacionamento com seus clientes, ouvem pela marca, tomam decisões mesmo sem qualquer cargo de diretoria. Os colaboradores devem viver e respirar mídias sociais para entender de forma ativa e integral o efeito dos usuários no negócio.

Nas habilidades, é necessário compreender desde o início do processo de recrutamento e estabelecer um fluxo contínuo de educação e retenção de talentos para formar big data experts (Bloching, Luck, and Ramge (2012). Essa formação inclui compreensão das ferramentas de mídias sociais (Davenport and Patil 2012), balanceamento de inteligências científica, interpretativa e de negócio. Isto somado à excelência operacional para alinhar as estratégias do negócio com a prática no ambiente de mídias sociais.

Por último, como parte da Social CRM House é necessário a mensuração eficiente de resultados e tendências por meio de chaves de performance (KPIs) visando lucro e soma de valor ao negócio. Como exemplo, Malthouse (2013, p. 278) elenca KPIs componentes específicos do processo de CRM (aquisição, manutenção e retenção), adaptando as visões clássicas por dados importantes para entender o nível de interação no processo, identificando situações geradas, estimuladas ou controladas pela marca (número de likes no Facebook, de visualizações no YouTube, de comentários e menções nas diferentes redes sociais), sempre objetivando atraindo consumidores por atividades estratégicas para promover melhores práticas e ampliar oportunidades de lucro e relacionamento.

Lauren Labrecque et. al. (2013, p.257) persegue a evolução do poder do consumidor até a era digital. Para os autores, "a ubíqua conectividade no terreno das mídias sociais permitiu por meio dos dispositivos móveis, não apenas o acesso à informação mas também que os consumidores criasse conteúdo e amplificassem suas vozes, por todo o globo, para qualquer um que desejar ouvir"

Os autores enumeram a evolução desse poder em quatro períodos tecnológicos (LABRECQUE, et. al., 2013, p.259), sem determinar início ou fim, mas marcos de desenvolvimento, separando o crescimento desse poder em: demanda (demand), informação (information), rede (network) e multidão (crowd).

O poder de demanda reside no impacto agregado do consumo comportamento de compra decorrente da internet e mídias sociais. Considera como período de tempo das ferramentas de busca e navegadores mais visuais que permitiram o aprimoramento de acesso e escolha, ainda que houvessem limitações na criação de páginas pessoais e compartilhamento de informações (Web).

O poder de informação é composto de duas faces, firmadas nas habilidades de consumir e produzir conteúdo. No consumo, facilitando o acesso a produtos e informações de serviços, reduzindo a assimetria, ampliando a difusão de informações de mercado e diminuindo o ciclo de vida de produtos, da produção de conteúdo, a habilidade de geração de informação pelo usuário, permitindo o empoderamento da opinião individual e influenciar mercado. Ocorre no período em que o acesso à internet é ampliado e no desenvolvimento da Web 2.0, que outorgou tanto ao mercado quando aos consumidores acessar e produzir conteúdo. Criar e hospedar uma página pessoal na rede é fácil (code free) e barato nas mídias digitais.

      O poder de rede está centrado na metamorfose do conteúdo desenhado para atividades de rede para construir reputação pessoal e influenciar mercados pela distribuição, recomposição e aprimoramento do conteúdo digital. As ações de terceiros podem somar valor ao conteúdo original por meio da disseminação e compartilhamento, além dos comentários em blogs, reposting e uso de memes e vídeos. Cresce com o advento da importância das redes sociais que permitiu maior distribuição e redefinição dos propósitos de conteúdo e construção de reputação.

O poder de multidão está na habilidade de concentrar, mobilizar e estruturar recursos de forma a beneficiar mutuamente indivíduos e grupos, a exemplo das páginas de conteúdo colaborativo como SoundCloud, Wikipedia, etc. Avança com a tecnologia dos dispositivos móveis e o acesso instantâneo a informações e aplicativo. Permite o surgimento de comunidades com poder de compra, crowndsourcing e economia solidária, além da criação de novos mercados.

Figura 1. Evolução do poder do consumidor segundo LABRECQUE, et. al., (2013, p.259) – Adaptado e traduzido pelo autor

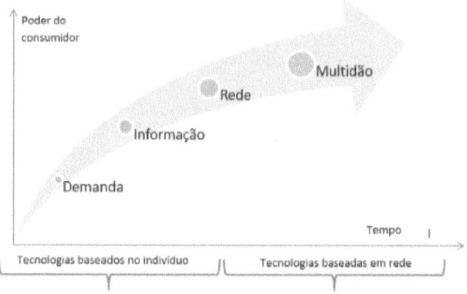

Baumöl, Hollebeek & Jung (2016) afirmam que a mudança no cenário de necessidades e da realidade como fenômeno do desenvolvimento das mídias sociais, trouxe outros elementos que precisam ser compreendidos e incorporados na gestão de relacionamentos nas diferentes plataformas. Para os autores, as necessidades dos consumidores por interações interativas, colaborativas e personalizadas se tornaram mais evidentes pela rápida proliferação das mídias sociais que proveram novas formas de comunicação consumidor-consumidor e consumidor-marca.

> As mídias sociais transformaram a natureza e a prática da comunicação on-line em um diálogo extenso e bidirecional entre os usuários, que pode abranger temas e questões particulares e / ou sociais, bem como sobre produtos, marcas e serviços das empresas (Lehmkuhl e Jung 2013). Os consumidores em rede já não atuam apenas como destinatários passivos de informações relacionadas a produtos e marcas de marca, mas são capazes de criar, modificar e trocar seus próprios conteúdos e aplicativos personalizados através de mídias sociais (BAUMÖL, U.; HOLLEBEEK, L .; JUNG , 2016, p.199)

Para além do potencial, a prática tem demonstrado que o engajamento em conversas com consumidores pelas organizações têm alto potencial para gerenciamento de relacionamento clientes-empresa. Para Hollebeek et al. (2014), ao envolver ativamente os usuários nas questões da empresa pelas mídias sociais, é possível explorar novas oportunidades para aprimorar a satisfação e lealdade do cliente. Baumöl et al. (2016, p. 200) ainda compara a prática desse relacionamento nas mídias sociais com o viés estratégico do CRM, que tem como um de seus facilitadores é a aquisição e exploração do conhecimento do consumidor, e pelo uso inteligente de soluções de dados e tecnologia, para criar uma melhor experiência do consumidor (Frow e Payne 2009; Lee et al., 2006).

    O uso das mídias sociais como estratégia de CRM permite à empresa acesso amplo às informações públicas e privadas dos consumidores (interesses, perfis de usuários, atividades, relacionamentos, seguidores da conta de redes sociais da empresa), e principalmente, as redes de contatos de consumidores (Reinhold e Alt 2012).

    Com base em todas essas informações é possível monitorar, conhecer e utilizar estrategicamente as opiniões de consumidores, marcas ou empresas, para aprimorar os targets de visualização de anúncios publicitários (com ofertas personalizadas) do planejamento de marketing digital, alavancando as relações para aumentar o valor do tempo de vida do consumidor (Kumar 2013; Kumar et al., 2010; Kumar e

Pansari 2015 apud Baumöl et al. 2016, p. 200)).

As atividades de Social CRM social incorporam o uso das mídias sociais para publicar mensagens mais direcionadas a públicos amplos e bem desenhados visando eficiência de marketing; mensagens estas que buscam incentivar consumidores a compartilhar experiências positivas em suas redes melhorando a reputação da marca e o potencial de vendas (Baumöl et al. 2016, p. 200). Podemos ainda ir além neste conceito, e pensarmos que, mesmo entendendo que, o objetivo principal é compartilhar experiências ou desejo de consumo, negativos ou positivos.

Ao permitir o público que direcionar suas insatisfações na página da empresa, a organização potencialmente tira reputação negativa de outros ambientes onde não pode controlar a informação, garantindo mais oportunidade na conversão e resolução rápida do problema do cliente. Educar o consumidor a queixar-se em um ambiente controlado pela organização é vital como estratégia e efeito de um Social CRM eficaz.

Lawrence Ang (2011) tem uma visão um pouco diferente dos outros pesquisadores mais entusiastas com uso do termo Social CRM. De fato, o autor acredita que o termo pode ser contraproducente porque, "primeiro, usuários de mídias sociais não são necessariamente consumidores de uma organização, considerando que nem todos os consumidores de uma organização utilizam mídias sociais. [...] Segundo, porque no CRM as organizações conhecem intimamente seus consumidores, o mesmo não acontece nas mídias sociais".

Seu argumento se baseia no fato que as mídias sociais têm regulamentos de privacidade e garantem mais liberdade na mudança de comportamento e influência de seus usuários. A organização apenas conhece aquilo que o usuário permite o que, nem sempre, corresponde à verdade ou à intimidade, mas à aparência. Há também a dificuldade de saber o que os reais usuários comenta em grupos secretos, blogs particulares, etc.

> Terceiro, a ênfase na construção de uma relação de negócio com esse consumidor exemplificada pela noção de marketing de relacionamento one-by-one. A comunicação é assumida como fluxo entre a organização e seus consumidores. A comunicação consumidor-consumidor, por outro lado, não é jamais reconhecida no tradicional CRM. De fato, a organização pode não querer necessariamente que seus consumidores interajam entre si por medo de que eles descubram e compartilhem experiências ruins. Compartilhar informações entre consumidores não é necessariamente uma boa cousa para a organização. Não é o caso das redes sociais – na verdade, essa é a razão de si. Indivíduos são encorajados a compartilhar com outros em suas redes. Considerando estas diferenças, é possível argumentar que o termo Social CRM é impróprio. Os usuários de mídias sociais são primeiramente uma comunidade de pessoas ligadas por interesses comuns – não necessariamente consumidores de organizações. (ANG, 2011, p. 32)

Ang (2011) afirma que o principal objetivo do CRM é gerenciar relacionamentos para ampliar o tempo de vida para a organização. O que significa que aplicando a estratégia correta, analítica e ferramentas operacionais para fazer essa gestão de forma mais simples e até mesmo, automatizada.

> Isto inclui ter uma visão 360º de todos os consumidores, gerenciando o ciclo de vida do consumidor, desenvolvendo portfolios de consumidor, migrando consumidores de um segmento a outro, gerenciando a experiência do consumidor através dos segmentos, desenvolvendo e comunicando ofertas para o segmento certo na hora certa. Entretanto, aplicar tanto uma abordagem gerencial para usuários de mídias sociais, como implica o termo Social CRM pode ser [...] impossível [no que se refere] a aplicar uma estratégia sofisticada, analítica e operacional de CRM às informações coletadas em mídias sociais. (ANG, 2011, p.32)

O autor ainda argumenta que a especificidade do campo, teria como maior desafio para as organizações experimentar com as redes sociais a formas de decifrar e integrar as informações das mídias sociais com o sistema de informações de CRM. Isto porque não são apenas as práticas e públicos que são diferentes, mas as estruturas de negócio que fazem essa gestão também o são. Na pesquisa de Lawrence Ang, há a afirmação de que em 2011 apenas 6.5% dos contact centers tinham suporte para mídias sociais (ANG, 2011, p. 32).

Ang vai defender então que seria mais proveitoso chamar esse grupo como

CoRM, pelo grau de diferença da organização estratégica do CRM, explicando ainda que o gerenciamento da comunidade online de usuários precisaria de pessoas mais jovens e mais seguras, com diferentes mind-set, habilidades e tecnologias do modelo tradicional.

Essa separação conceitual baseada em comunidades pode ser explicada no diagrama abaixo:

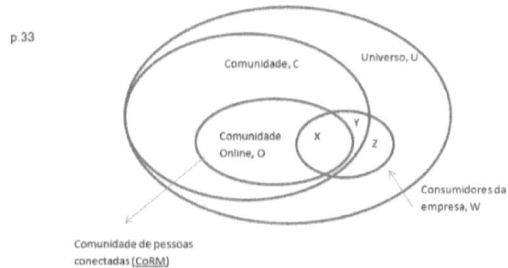

No diagrama acima entendemos o conceito de Ang (2011) de que CRM é entendido como a gestão de relacionamento entre todos os consumidores (X,Y e Z). CoRM seria a gestão das comunidades conectada de lovers (O).

Apenas uma pequena porção da comunidade online (X) são consumidores da organização, o que oferece ao autor algumas reflexões sobre o que essa visão estratégia permite "(i) gerenciar seus próprios consumidores na rede, X, com mais eficiência; (ii) converter o maior número possível de usuários da comunidade conectada, O, em consumidores, ampliando o tamanho de X" (ANG, 2011, p. 33).

Neste sentido há certo destaque não na gestão da comunidade X, que já está de certa forma no CRM da empresa, mas no CoRM, de onde a organização vai "pescar" novos consumidores para seu sistema a partir de quatro pilares oferecidos pelas redes sociais, chamador por Ang (2011) de "modelo 4Cs": Conectividade, Conversações, Criação de Conteúdo e Colaboração. Poderíamos sintetizar esse conceito entendendo conectividade como o a necessidade-fim de ampliar a comunidade de usuários e logo, seu alcance nas mídias onde for objetivo gerar consumidores. Conversações está ligado ao comportamento desses usuários conectados, o que falam, o que postam, para quem postam, o que "ouvem", seus likes e reações. A criação de conteúdo está relacionado à vontade humana de criar e compartilhar, ampliado na Web 2.0 com a possibilidade de criar vídeos, gifs, textos e estimular diálogos na comunidade, gerando buzz. (ANG, 2011, p.34). Por fim, o conceito de colaboração significa que múltiplos usuários podem cooperar em um projeto único gerando conhecimento e mobilizando outras pessoas, a exemplo da Wikipedia (ANG, 2011, p. 35) Quando encontramos entendemos esses quatro elementos dentro de uma ideia de CRM, podemos elencar estrategicamente metodologias para influenciar a comunidade encontrando líderes de opinião, criadores de conteúdo, mobilizadores.

Sobre essa mobilização Woodwock, Green e Starkey (2011) afirmam que o entendimento desse potencial para a organização está centrado na ideia de que o engajamento de um consumidor com uma marca pode ser medido ao longo de um contínuo de não consciência, passando por um relacionamento inicial e, com os estímulos certos, advocacy (defesa da marca). Essa evolução é afetiva e se desenvolve com o tempo, com ambas as partes envolvidas (usuário e organização) conscientes dos sentimentos envolvidos e suas modificações para que eles possam reagir em conformidade. "Os consumidores confiam muito mais em amigos e colegas do que na publicidade de TV ou comunicações corporativas. Os consumidores falam uns aos outros como nunca antes através de uma multiplicidade de canais sociais" (WOODWOCK, GREEN, STARKEY, 2011, p 51), e aí que entra o desafio nas marcas nessa gestão: construir relacionamentos mais afetivos baseado em interesses multidirecionais.

> "Social 'media' contém 'conversas'. Como qualquer conversa, em um café ou bar, por exemplo, o conteúdo varia. Algumas conversas são graves e diversão, alguns são curtos e alguns longos, alguns felizes e alguns irritados e intensos. Pensamentos, opiniões, idéias, piadas, confiências, experiências, fotos e vídeos são compartilhados por indivíduos em pequenas redes e podem ser rapidamente ampliados em redes maiores de pessoas, dentro de um

> local, a nível nacional ou global. As experiências dos consumidores são, naturalmente, parte desta conversa e as experiências de marca e serviço são discutidas abertamente e francamente se as organizações estão envolvidas na conversa ou não. Desta forma, os consumidores estão se tornando mais poderosos. (Woodwock, N., GREEN, A., STARKEY, P.51)

À medida que as opiniões ampliam, o desempenho da marca será impactado. O local de controle em a relação marca-consumidor está passando de marcas para consumidores. O branding marketing tem transitado da ideia de apenas difundir mensagens aos consumidores em relação estática com papéis bem definidos para uma conversa dinâmica baseada no ouvir (social listening) para fornecer experiências significativas.

Ouvir por meio de um monitoramento que possa trazer vantagens para as marcas nos ambientes B2B e B2C, fazendo com que as estratégias, preços, serviços se modifiquem a partir dos que os usuários estão falando em suas redes, com seus grupos e comunidades.

Os autores partem do conceito de SCRM de Paul Greenberg para redefinir, considerando que mídias sociais são completamente relacionadas de e para os consumidores, que SCRM é como "ajudamos o consumidor a engajar com a gente, onde que ele esteja, não importa de que precisa, da forma que for mais conveniente; provendo entretenimento, trocas de valor mútuo; fornecendo conhecimento um do outro em todo o tempo para que então formemos o que fazemos (e como fazemos) na sua mente" (WOODCOCK; GREEN; STARKEY, 2011, p. 52).

O principal para os autores é o desenvolvimento de valor junto aos consumidores no engajamento. Segundo Woodcock, Green e Starkey (2011, p. 54) quanto maior o engajamento do consumidor ou sua lealdade emocional, maior o valor financeiro do mesmo. Consumidores gastam mais com aquelas marcas o qual convivem mais. Usuários profundamente engajados ou comprometidos, conduzem a performance da marca. Um usuário profundamente engajado, comprometido, consome, segundo Woodwock, Green e Starkey (2011), de 5 a 8 vezes mais o valor de consumidor médio. Ao mesmo tempo, podemos ter um consumidor muito engajado que não consome muito, o que para os autores representa a verdade da maioria dos fãs das marcas das redes sociais: "eles amam a marca, mas não compram ou nunca compraram" (WOODCOCK; GREEN; STARKEY, 2011, p. 56).

Como a base de usuários comprometidos com a marca é a responsável por gerar mais consumo, é neste nicho que o relacionamento em mídias sociais vai estabelecer sua estratégia mais comercial. Mas este, para acontecer, demanda de uma séria de questões mais estruturais para a empresa, uma contrapartida inicial para atrair esse relacionamento considerado de valor mais alto.

> Comprometimento é formado de uma combinação de relevância (você não pode ser comprometido com uma categoria que não é relevante pra você), interesse (você não pode ser comprometido com uma categoria que não te interessa) e 'uniqueness' (você não pode se comprometer com fornecedores que oferecem a mesma coisa que qualquer um).
> (WOODCOCK, 2011, p. 56)

Nesta ordem, os autores utilizam o conceito de SCRM Framework para sugerir a organização estrutural da gestão de relacionamento com consumidores em redes sociais.

Atendimento ao Consumidor em Mídias Sociais

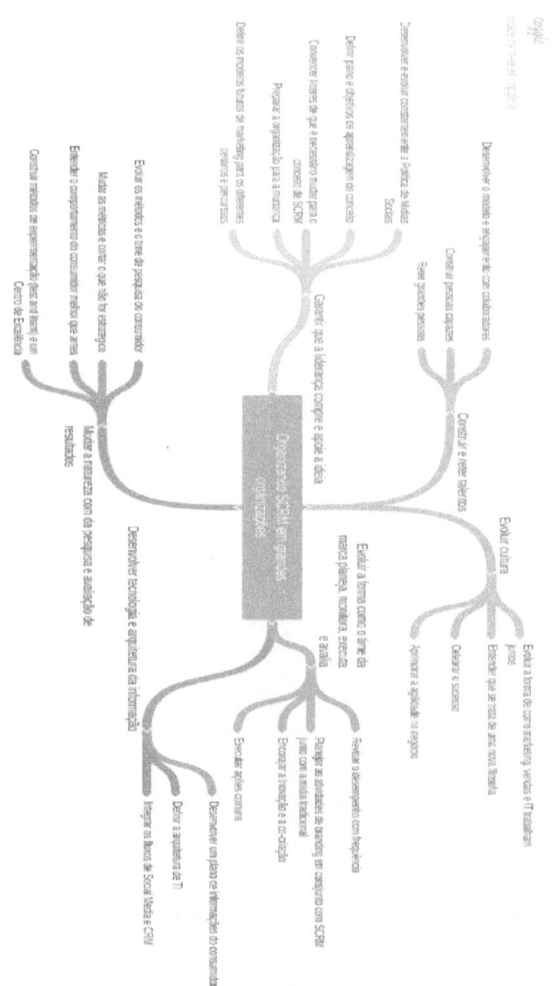

Coursaris; Van Osch e Balough (2013) dedicaram seus estudos em identificar e propor classificações de páginas do Facebook a partir do engajamento com das marcas com seus consumidores como estratégia de marketing e, resgatando diversos estudos de caso e observado graus de lucratividade, hospitalidade e objetivos de diferentes organizações, definiram oito tipos de engajamento com usuários encontrados nas redes sociais:

Tabela 1. Coursaris; Van Osch e Balough (2013) p. 7 e 8 – tipologia de posts no marketing de redes sociais, traduzido e adaptado pelo autor

Categoria	Subcategoria
Brand Awareness	Promoções
	Legado
	Operações
Responsabilidade Social	Awareness
	Levantamento de Fundos
Atendimento ao consumidor	Lançamentos
	Cuidados e Assistência
	Avisos e informações
Engajamento	Assistência a dúvidas
	Comunidade
	Likes
	Fotos
	Vídeos
	Surveys

	Solicitação de informações
	Apreciação e agradecimento
	Direcionamento de links
Produto Awareness	Nomes da marca
	Ratos da marca
Promocional	Acordo
	Oportunidade
Sazonal	De Feriado
	Estacional
	Evento

Essa composição de tipologias não representa estruturas congeladas, mas possibilidades variadas de construir histórias no atendimento e cocriação com usuários. Há uma série de elementos transformadores trazidos pelo Social CRM que podem ser explorados pelas organizações para cadenciar as estratégias de marketing digital de forma integrada, gerando valor, ampliando ciclos de consumo e, com o tempo, credibilidade e defesa da marca.

E por isto que os autores em seu estudo alertam que apenas o listening não é suficiente. Todo relacionamento consumidor-marca deve estar construído sobre uma relação dialógica, de fluxo contínuo. Listening é estratégico para se entender, mas só se conhece uma pessoa, de modo a entender o que ela pensa, o que ela deseja, firmando conversações.

A postagem de conteúdo focada em engajamento e atendimento ao consumidor estão ligadas. O gerenciamento da comunidade não existe sem a centralidade da preocupação em adquirir e manter financiadores para aquele conteúdo, seja financiado com suas histórias com a marca ou com seu consumo efetivo.

3. EXPERIÊNCIA E EXPECTATIVA DO CONSUMIDOR NO ATENDIMENTO DE MÍDIAS SOCIAIS

Como forma de perceber como as organizações têm atuado no atendimento ao consumidor nas redes sociais, como forma de entender a prática dos modelos de CRM e Social Relationship Management que tanto exploramos anteriormente como vantagem competitiva e evolução natural da gestão de relacionamento e branding marketing, elaboramos uma pesquisa no formato de survey utilizando formulário online do Google.

A pesquisa consistiu em 18 perguntas separadas em três blocos: perfil do consumidor, uso de mídias sociais para buscar atendimento, resposta da empresa e satisfação com atendimento em mídias sociais; ambos blocos baseados nas estruturas principais de satisfação e diferenciais do SCM defendidas por Malthouse e Greenberg.

Para fins de validade metodológica utilizamos os trabalhos de Raquel Recuero. Para Recuero (2009) primeiro é necessário compreender que os estudos de redes sociais são uma perspectiva teórico-empírica. Poderíamos utilizar um universo de métodos de pesquisa e análise para compormos o estudo do nosso objeto a exemplo do que alguns pesquisadores têm construído em análise de conversação e conteúdo, mas nosso foco está na experiência do consumidor a partir dos modelos dos quais as organizações supostamente dispõe, e logo em um estudo de recepção (senão percepção, ainda que simplificado), como recuperamos na fundamentação teórica deste trabalho.

As formas de interação, efeitos e negociação serão demonstradas, portanto, a partir do que o usuário-consumidor relatar de sua vivência no questionário semiestruturado, na mesma lógica de *listening* que, como vimos, as organizações precisam dispor para modificar compreender seu público e atuar estrategicamente em seus relacionamentos, neste sentido buscou-se manter o perfil de amostragem realizado pelos estudiosos de SRM que discutimos nesta pesquisa: listening aberto de resposta por livre opção na média de 100 respostas livres, como tendência de mercado e prática de monitoramento de mídias sociais, sabendo-se que, como bem defende Ang (2014) seria impossível e inviável trazer o rigor estatístico para o volume de relações e nós das redes sociais que, no melhor dos recortes, alcançaria os milhões, uma mostra, portanto, infinita.

À medida que valorizamos a experiência de cada consumidor em suas redes como única, no entanto, temos neste listening, um universo de experiências diferenciadas que, ao mostrar o menor nível de identificação estabelece per se um padrão de comportamento.

O formulário foi distribuído em grupos de discussão relacionados à relações de consumo de diversos tipos: aluguel, recomendações, reclame aqui e de indicações de São Paulo, deixando convite aberto para que os usuários que se interessassem respondessem as perguntas entre 1º e 31 de julho de 2017, com estímulo de interação uma vez por semana para deixar a postagem em evidência.

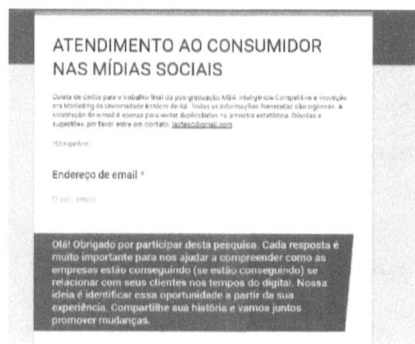

Retornaram a pesquisa 113 usuários dos quais, 106 foram considerados na estruturação dos resultados. Os sete restantes foram excluídos por evidência de duplicidade ou preenchimento aleatório do formulário, de forma a manter os dados os mais verdadeiros possíveis.

Bloco 1 – Consumidor, quem é você?
No primeiro bloco foram coletados o e-mail do usuário como evidência de unicidade, sexo, idade, escolaridade e renda familiar para traçar um perfil demográfico e, em seguida, seus hábitos de uso da internet, dispositivo e redes sociais.

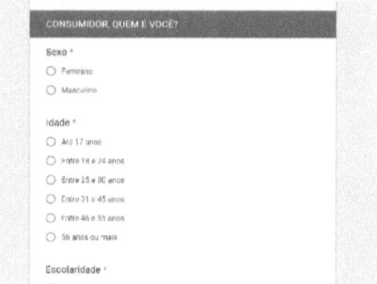

Escolaridade *
- Ensino Fundamental
- Ensino Médio
- Ensino Superior
- Pós-graduação

Renda Familiar *

	1	2	3	4	5	6	7	8	9	10
Salários Mínimos (aproximados)	○	○	○	○	○	○	○	○	○	○

Quanto tempo você passa na internet por dia? *
- Até 1 horas
- Até 3 horas
- Até 7 horas
- Até 10 horas
- Mais que 12 horas

Onde você mais acessa a internet?
- Casa
- Trabalho
- Telecentros
- Praças ou ambientes públicos
- Escola / Universidade
- Nenhuma das alternativas

Qual dispositivo é seu preferido para acessar a internet?
- Smartphone
- Notebook
- Tablet
- Desktop
- Smart TV
- Opção 6

Faz uso de quais redes sociais? *
- [ ] Facebook
- [ ] GooglePlus
- [ ] Twitter
- [ ] Instagram
- [ ] YouTube
- [ ] LinkedIn
- [ ] Tumblr
- [ ] Não utilizo redes sociais

ANTERIOR SEGUINTE   Página 2 de 4

A maior parte dos usuários que espontaneamente procuraram responder a pesquisa foram mulheres (69%), entre 25 e 30 anos (48%) seguido pelo grupo entre 31 e 45

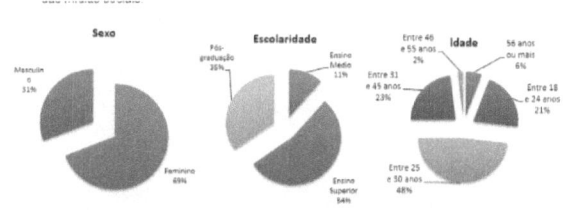

anos (23%).

Cerca de 65% dos usuários analisados informaram entre dois e cinco salários na renda familiar, configurando o perfil de classe média em idade ativa no mercado, e 54% informaram nível superior, como aquele perfil mais antenado ao uso das mídias sociais.

Conhecido o perfil dos usuários que fazem questão de usar redes sociais para informas experiências de consumo, podemos conhecer seus hábitos de acesso à internet e de uso do ambiente de rede. A maior fatia dos usuários pesquisados, 33%, afirmam passar até 10 horas diárias na internet. Outros grupos refletem o mesmo comportamento, tal que, 56% dos usuários passam no mínimo 7 horas

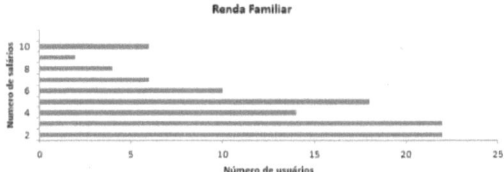

diárias acessando a rede.

Do local de acesso, há certa proporcionalidade entre os usuários, de modo que que 46% afirmam que seu principal espaço para utilizar a internet são suas próprias casas e 46% seus espaços de trabalho, confirmando o perfil de trabalhador economicamente ativo. Apenas 2% afirmaram utilizar as redes de escolas ou universidades e de ambientes

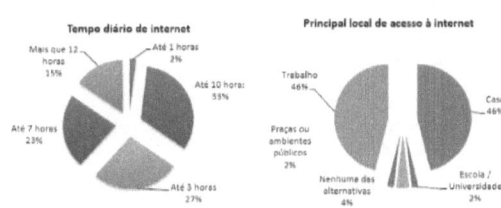

públicos.

      Outra informação relevante é que 67% dos usuários pesquisados informaram que tem seus smartphones como principal dispositivo de acesso à internet, o que explicaria em parte o tempo elevado de conexão da maioria dos usuários.

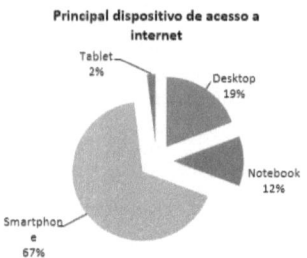

Dos 106 usuários pesquisados, 102 utilizam o Facebook, 85 utilizam o Instagram, 72 destacaram o Youtube, 20 LinkedIn, 18, Twitter, e menos de 5 GooglePlus e Tumblr. 49% de todos os usuários utilizam no mínimo três redes sociais, 15% até quatro mídias. De modo geral há certa relação dedicada às mídias específicas.

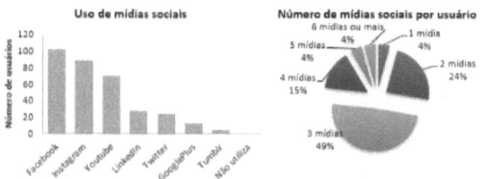

Bloco 2 – Consumidor, onde você busca atendimento?

A segunda etapa da pesquisa buscou investigar especificamente sobre o comportamento do consumidor quando decide utilizar suas redes sociais para falar de sua experiência de consumo, seja para pedir informação ou reclamar de algum produto ou serviço.

Formamos seis perguntar simples entre abertas e fechadas conforme as imagens abaixo:

Em relação às reclamações, os usuários pesquisados ficaram bem divididos sobre os canais de comunicação procurados. 38% afirmam que o principal canal para reclamações é a telefonia, os tradicionais SACs de 0800. Em contrapartida, e-mail, chat e redes sociais compõem juntos 68% da preferência, demonstrando a relevância do digital para este perfil. Redes sociais, separadamente, representam 23% da preferência do canal para buscar soluções com as empresas. Apesar da preferência de canais ser difusa, 73% de todos os pesquisados afirmaram ter buscado atendimento das marcas por meio de alguma rede social nos últimos seis meses, o que significa que independentemente do canal preferido, os usuários quase sempre expõe suas

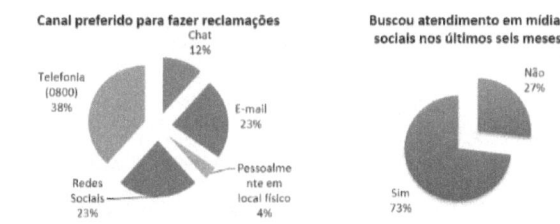

opiniões e experiências em redes.

Outro comportamento relevante na compreensão da busca do usuário pela solução de reclamações pelas empresas. 75% dos usuários postaram suas reclamações no Facebook seguido do GooglePlus (9%), 50% das quais foram feitas no ambiente privado das páginas das empresas e 17% no ambiente público. De modo geral, os usuários sempre postam suas queixas nas páginas das empresas. Apenas 8% afirmaram postar em suas páginas pessoais.

Outro elemento diferenciador do comportamento é a motivação dos usuários: afinal o que leva uma pessoa a buscar atendimento nas mídias sociais? 51% dos usuários justificam como objetivo principal fazer, de fato, reclamações.

Outros 30% afirmaram procurar atendimento em mídias sociais quando precisam tirar dúvidas ou buscar informações, tipo de atendimento conhecido como *first call resolution*. Apenas 2% disseram procurar mídias sociais para postar elogios ou sugestões, e 4% apenas disseram postar críticas, sem

necessariamente ter uma experiência de

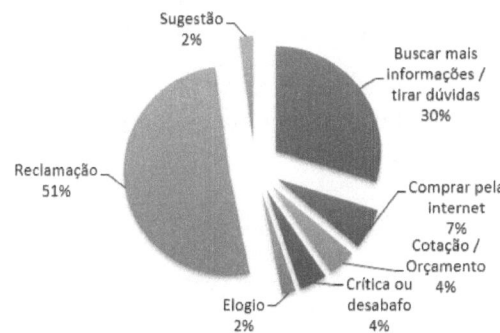

consumo.

Bloco 3 – Consumidor, como foi sua experiência?

Se até o bloco dois da pesquisa, nos preocupamos em traçar o perfil, hábitos e motivação dos consumidores, no sentido consumidor-empresa, de entrada nos canais de atendimento de mídias sociais; na terceira etapa buscamos estabelecer conexões com o retorno das empresas para fechar o ciclo consumidor-empresa-consumidor.

Construímos outras seis perguntas conforme as imagens abaixo, investigando se houve retorno na procura dos usuários, e como esse retorno promoveu uma experiência de

atendimento satisfatória.

Apenas 51% de todos os usuários afirmaram terem recebido retorno das empresas em sua busca por atendimento. O dado chama atenção se resgatamos o dado de que a maior parte desse procurar ocorreu com postagem no espaço privado e privado das mídias corporativas, onde elas atuam, e não nos perfis pessoais dos consumidores, o que demandaria certa estrutura de monitoramento com ferramentas específicas e a discussão sobre configurações de privacidade dos perfis pessoais, etc.

Mesmo aqueles que receberam retorno das marcas para suas solicitações forneceram outro dado relevante de seus atendimentos. Apenas 10% receberam retorno em menos de uma hora, 10% em até três horas; 15% em 24 horas e 12% em mais de 48 horas. Em poucas palavras, a experiência do consumidor nas mídias sociais foi de não-retorno ou, quando há retorno, de um longo de tempo de espera pelo atendimento, o que explica em partes o porquê do canal de 0800 ainda manter certo grau de preferência: a resposta em tempo real na conversação.

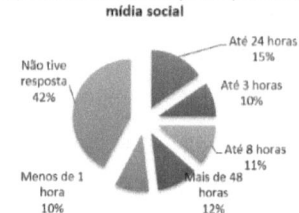

O resultado dessa ausência de vez na conversação unidirecional do consumidor é a não recomendação do atendimento recebido nas mídias sociais. Apenas 35% dos usuários disseram recomendar o atendimento recebido. Se entendermos que 54% foram de fato atendidos e apenas 35% recomendam, temos 18% do total de pesquisados que mesmo atendidos tiveram experiências insatisfatórias, somados aos 46% que sequer chegaram a receber retorno.

Recomendaria o atendimento recebido na mídia social?

Sim 35%
Não 65%

Na percepção dos consumidores quanto à diferença do atendimento em mídias sociais para os outros canais possíveis, observamos que há mais evidência sobre o que se espera desse tipo de atendimento do que da experiência recebida de fato, pelos dados informados anteriormente.

A maior parte dos pesquisados informou como principal diferença a agilidade e a facilidade em receber e solicitar informações (48), claro, entendemos o tempo que o usuário está conectado utilizando, principalmente, dispositivos móveis, com as principais motivações em reclamar ou tirar dúvidas.

Apenas 30% destacaram solução efetiva no atendimento de mídias sociais e há ainda 9% que afirmam não observar qualquer

diferença para os outros canais.

28% do total de pesquisados avaliam em cinco numa escala de 1 a 6 sua satisfação com a forma em que as organizações utilizam suas mídias sociais. Outras 39 pessoas apontaram insatisfação (1 a 3) e 24 pessoas apontaram regular (4).

Como elemento último do mapeamento da opinião e do listening da experiência do consumidor, perguntamos de forma aberta, o que as empresas precisam desenvolver no atendimento de mídias sociais. Em sua maioria, os usuários apontam a necessidade de agilidade e solução, para que atendimento atenda as mesmas características intrínsecas às mídias.

Elencamos pela técnica de wordcloud, comum nos monitoramentos de mídias sociais para entendimento de temas em hype e buzz, a lista com a repetição dos principais termos para compreender como ficaria a nuvem de palavras sobre o que os consumidores afirmam que deve melhorar no atendimento.

Tabela 2. Principais repetições de palavras na pesquisa de opinião aberta sobre o que falta às empresas no atendimento em mídias sociais

Repetições	Palavra	Repetições	Palavra
18	Agilidade	4	oferecer
16	que	4	precisar
12	atendimento	4	deveriam

12	cliente	4	entender
10	empresas	4	precisam
10	resposta	4	resolver
10	contato	4	dúvidas
8	Precisa	4	retorno

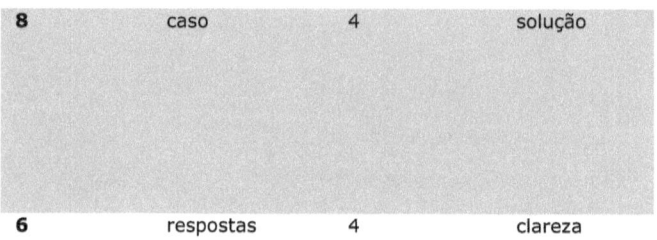

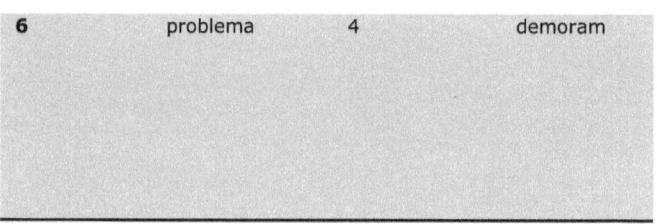

Pela estrutura das repetições a wordcloud construída no aplicativo Wordcloud.com se apresentou da seguinte forma:

Imagem 1. Wordcloud da opinião dos consumidores sobre o que falta às empresas nas mídias sociais

É quase unânime no Share of Voice dos consumidores pesquisados que o tempo de resposta das solicitações e ineficácia no contato, ativo ou receptivo, pelas mídias sociais torna as interações com as organizações ruim, causando efeito contrário ao que comumente se espera na construção dos valores de confiança, relacionamento e muito menos, advocacy.

O atendimento em mídias sociais para os consumidores da amostra se apresenta como ineficiente, lento e alheio às expectativas e realidade dos usuários. As empresas estão nas mídias sociais para receber demandas, mas não estão ouvindo o que seus consumidores estão falando.

Também foi solicitado que os consumidores escrevessem em campo aberto qual empresa foi procurada para o atendimento nas mídias sociais. Receberam destaque repetições de reclamações ou busca de informações, atendimento e não-atendimento, empresas de tv a cabo, bancos, e-commerces e empresas de linhas aéreas conforme a imagem abaixo.

Figura 3. Wodcloud das empresas buscadas pelos consumidores para atendimento em mídias sociais nos últimos seis meses

CONCLUSÃO

Ao compararmos os resultados dos dados recebidos e interpretados na survey com os modelos e diferenciais estratégicos que se espera do atendimento em mídias sociais como CRM, Social CRM ou afins, formadores de diferenciais e inovação competitiva, encontramos uma distância profunda entre o que os usuários esperam e o que recebem das organizações ao buscarem suporte nas redes.

As empresas procuradas pelos usuários estão nas mídias sociais: todas possuem suas páginas pessoais, preocupadas com a conectividade, em estar acessível para seus públicos. No entanto, como bem escreve Ang (2011), existem quatro C's na composição do relacionamento empresa-consumidor atual e a conectividade é apenas uma; somada a Criação, Conversação e Colaboração.

Não é possível estabelecer relacionamento da forma como o usuário em rede se estabelecer quando o consumidor de mídia social fala sozinho.

A ausência de respostas e a longa espera pelas mesmas afasta usuários de experiências de consumo significativas, principalmente quando entendemos que, o início e fim da experiência de consumo passa, no ambiente das mídias sociais, como pré-venda, venda e pós-venda.

Malthouse et. al. (2013) é enfático ao elencar que o principal objetivo na estratégia de um Social CRM eficiente é prolongar o valor do ciclo de vida do consumidor (CLV), isto, podendo ser realizado, no que tange à seu modelo de negócio ao Social CRM House que uniria os objetivo de CRM ao nível de interação necessário nas mídias sociais: aquisição, retenção e reativação.

Woodcock et. al. (2011) ao estudarem os efeitos de encorajar usuários a engajarem-se com as organizações relatam as vantagens de mercado e de agregação de valor à marca, inclusive com o levantamento de advocacy, depois de certo tempo de relacionamento e confiança, mas também, estabelecem os riscos de não alimentar essa relação de forma saudável. Da mesma forma que o relacionamento positivo agrega valor, a experiência negativa é compartilhada, distribuída e ganha peso quando agregada às experiências similares de outras pessoas, resultando em crises de imagem e perda considerável de reputação.

Se no topo, onde está o consumidor profundamente engajado, há de cinco a oito vezes mais consumo, como afirmam os autores em sua pesquisa, um nível de insatisfação como apontado neste trabalho, indica que as empresas relacionadas estão perdendo até 40% do potencial de consumo de seus próprios seguidores simplesmente por não estarem conectadas ouvindo o que dizem e seus comportamentos (e expectativas).

Por desconhecerem seus usuários não firmam o objetivo central do CRM, que é o conhecimento profundo dos consumidores pela construção de relacionamento e logo, ficam impossibilitados de evoluírem para um Social CRM.

Tal disfunção reforça a afirmação de Salgado (2016) que aponta que as organizações ampliaram seus investimentos em divulgação em mídias sociais, mas não alinharam a estratégia de branding com o que é mais central e característicos do meio: as relações em rede. A terceirização dos serviços de atendimento ao consumidor de mídias sociais de forma excludente às estratégias de marketing digital formam mídias corporativas Frankeinstein: sem identidade para com seus consumidores, sem os objetivos da marca, sem a possibilidade de troca de informações e feedbacks das campanhas e atuação imediata.

O alinhamento dos objetivos e estratégias centradas no relacionamento deve permear toda a composição de qualquer atividade nas mídias sociais. Uma marca não pode planejar um caminho e executar com sua voz, que é o que o serviço de atendimento é, outro diferente. Há desperdício de investimento e certamente perda de um público cada vez mais difícil de reconquistar.

Trata-se portanto, de uma necessidade de entendimento da cultura dos usuários à cultura das organizações. O digital e as mídias sociais não compõem apenas mais um canal de acesso e distribuição, mas de cocriação, compartilhamento e valor. Atender na presença e não atender em timing e conteúdo é apenas mostrar para seus concorrentes o desespero de tentar estar à frente em tecnologia, sem saber com clareza o que fazer com a mesma.

Atendimento ao Consumidor em Mídias Sociais

REFERÊNCIAS BIBLIOGRÁFICAS

ALAVI, S. **New paradigm of digital marketing in emerging markets**: from social media to social customer relationship management. Int. J. Management Practice, Vol. 9, No. 1, 2016 http://www.inderscienceonline.com/doi/pdf/10.1504/IJMP.2016.074889

ANG, L. **Community relationship management and social media**. Journal of Database Marketing & Customer Strategy Management, n.18, p. 31-38, 2011.

BAUMÖL, U.; HOLLEBEEK, L.; JUNG, R. **Dynamics of customer interaction on social media platforms**. Electron Markets, n. 26, p.199-202, 2016.

CHAROENSUKMONGKOL, P.; SASATANUN, P. **Social media use for CRM and business performance satisfaction**: The moderating roles of social skills and social media sales intensity. Asia Pacific Management Review, n. 22, p.25-34, 2017.

Coursaris, Constantinos K.; Van Osch, Wietske; and Balogh, Brigitte A., **A Social Media Marketing Typology**: Classifying Brand Facebook Page Messages For Strategic Consumer Engagement (2013). ECIS 2013 Completed Research. 46.

http://aisel.aisnet.org/ecis2013_cr/46 , doi: 10.1057/dbm.2011.7

GENSLER, S.; VÖLCKNER, F.; THOMPKINS, Y.; WIERTZ, C. **Managing Brands in the Social Media Environment**. Journal of Interactive Marketing, n.27, p.242-256, 2013.

GREENBERG, P. **The impact of CRM 2.0 on customer insight**. Journal of Business & Industrial Marketing, n. 25, v.6, p. 410–419, 2010.

JENKINS, H.; FORD, S.; GREEN, J. **Cultura da Conexão**: criando valor e significado por meio da mídia propagável. São Paulo: Aleph, 2014.

KAPLAN, A. M.; HAENLEIN, M. **Users of the world, unite!** The challenges and opportunities of social media. Business Horizons (53) January-February, pp 59-68, 2010.

LABRECQUE, L.; VOR DEM ESCHE, J., MATHWICK, C.; NOVAK, T.; HOFACKER, C. **Consumer Power:** Evolution in the digital age. Journal of Interactive Marketing n. 27, p. 257-269, 2013.

MALTHOUSE, E.; HAENLEIN, M; SKIERA, B.; WEGE, E.; ZHANG, M. **Managing Customer Relationships in the Social Media Era**: Introducing the Social CRM House. Journal of Interactive Marketing, n. 27, p.270-280, 2013.

SAAD CORREA, E. **Centralidade, transversalidade e resiliência: reflexões** sobre as três condições da contemporaneidade digital e a epistemologia da Comunicação. Trabalho apresentado na Divisão Temática Ibercom Epistemologia, Teoria e Metodologia da Comunicação no XIV Congresso Internacional IBERCOM, na Universidade de São Paulo, de 29 de março a 02 de abril de 2015.

SALGADO, M. SAC e Social - CRM Os 13 passos para estabelecer conversações. In: SILVA, T.; STABILE, M. **Monitoramento e Pesquisa em Mídias Sociais Metodologias, aplicações e inovações**. São Paulo: Uva Limão, 2016. Disponível em: <https://www.researchgate.net/profile/Tarcizio_Silva/publication/314291553_Monitoramento_e_Pesquisa_e_Midias_Sociais_metodologias_aplicacoes_e_inovacoes/links/58c00deea6fdcca74cff08e0/Monitoramento-e-Pesquisa-e-Midias-Sociais-metodologias-aplicacoes-e-inovacoes.pdf#page=86 >. Acesso em 21 jan 2017.

WOODWOCK, N., GREEN, A., STARKEY, M.**Social CRM as a business strategy.** Journal of Database Marketing & Customer Strategy Management (2011) **18,** 50 – 64.

www.ingramcontent.com/pod-product-compliance
Lightning Source LLC
Chambersburg PA
CBHW031433210526
45464CB00005B/2179